Colega lee

Serie naranja
El Espíritu de la Montaña

1.ª edición: 2012
4.ª impresión: 2019

© Edelsa Grupo Didascalia, S.A. Madrid, 2012.

Directora del proyecto y coordinadora: María Luisa Hortelano.
Autora: Elena González Hortelano.
Dirección y coordinación editorial: Departamento de Edición de Edelsa.
Diseño de cubierta: Departamento de Imagen de Edelsa.
Ilustradora: Ángeles Peinador.

ISBN: 978-84-7711-987-6
Depósito Legal: M-37523-2012
Impreso en España / *Printed in Spain*

En verano, Chema, Julia, Elena, Rubén y yo estuvimos dos semanas de campamento en un pueblo de la montaña. Un sábado por la mañana, mis padres vinieron a visitarnos con Colega.

– Esta noche vamos a dormir en un hotel del pueblo. Este lugar es muy bonito y queremos conocerlo –dijo mi padre. Ahora vamos a reservar la habitación y esta noche os invitamos a cenar. ¿Venimos a buscaros a las nueve?

– ¡¡¡Sí!!! –contestamos.

– ¡Casi me olvido! –dijo mi madre antes de irse.
   – Vicente, el panadero, me dio esta carta
   para vosotros.
– Esther –le dije a la monitora, – ¿se puede
   quedar Colega con nosotros hasta esta noche?
– Está bien. ¡Hola, Colega!
Nos despedimos hasta la noche.
Cuando mis padres y Esther se fueron, leí la carta en
voz alta, en realidad una carta para nuestro Comité
Infantil de Ayuda Ciudadana, el CIAC.

Queridos miembros del Comité Infantil de Ayuda Ciudadana:

Me llamo Adela y necesito vuestra ayuda. Vivo en un pueblo pequeño en la montaña y un amigo que vive en vuestra ciudad me habló de vosotros.

Hace dos días mi hijo Adrián se perdió en la montaña. Los vecinos y la policía lo buscan, pero aún no sabemos dónde está. Estoy muy preocupada.

Esta es mi dirección:

Adela Sánchez Pérez

C/ de las Mariposas, 5

Ce e e

Madrid

¡Os espero! Gracias,

Adela

– ¡Oh, no! ¡El nombre del pueblo está borroso!

Después de comer, fuimos con los monitores a la piscina del pueblo. Rubén, Elena, Chema, Julia y yo tuvimos que quedarnos fuera con Colega. Esther salió a vernos.

– Aquí hace mucho calor –nos dijo. – Hay un parque detrás de esas casas. Tiene árboles y bancos. Si queréis, esperad allí.

– Vale, ¡hasta luego!

Nos sentamos en los bancos del parque y leímos la carta otra vez.

– El nombre del pueblo no se lee, ¡qué rabia!

– ¡Mirad! –dijo Elena.

– ¡Guau! –ladró Colega.

Una mariposa grande y bonita, con las alas amarillas y naranjas, cruzó el parque. Luego, vinieron muchas más mariposas como la primera, cruzaron el parque y entraron por una calle a nuestra izquierda.

– ¿Vosotros también leéis el nombre de aquella calle? –preguntó emocionado Rubén.

– Sí. ¡¡¡Calle de las Mariposas!!!

Llamamos al número 5 y salió una mujer.

– Hola, ¿eres Adela?

– Sí.

– ¡Vaya sorpresa! Somos el CIAC –dijimos todos.

Pasamos a la casa y Adela nos dio limonada. Nosotros le hablamos de las mariposas.

– Hace muchos años que no veo mariposas como esas –dijo Adela. – Las mariposas de este lugar son más pequeñas. Sin embargo, Adrián me dijo que vio mariposas más grandes hace unos días. Dijo que cruzaron el parque y volaron hacia un camino que va a la montaña. Tengo otro hijo, se llama Gabriel. Es más pequeño que Adrián y está enfermo. Creo que su hermano Adrián fue a buscar una planta que dicen que cura todas las enfermedades y que solo crece en lo alto de las montañas.

Llamaron a la puerta. Adela fue a abrir y dos niñas entraron en el salón.

– Son Nieves y Rosa –nos presentó Adela. – Estos son Ana, Elena, Chema, Rubén y Julia, los niños del CIAC. Nieves y Rosa son hermanas y les encanta la montaña. Son amigas de Adrián y de Gabriel y quieren ayudarme a encontrar a Adrián. Dicen que conocen importantes secretos de la montaña, pero solo quieren hablar de ellos con otros niños. Hablad con ellas, por favor. Os dejo solos.

– Visteis las mariposas, ¿verdad? –nos preguntó
Rosa cuando Adela salió de la habitación.

– Sí. Adela nos dijo que aquí las mariposas son
más pequeñas y que hace muchos años que
ella no ve mariposas así. Sin embargo, también
dijo que Adrián vio mariposas más
grandes hace unos días.

– Hay cosas que los adultos ya no ven.
Lo que tenemos que decir, los adultos
ya no lo pueden entender –dijo Nieves.
– ¿Comprendéis ahora por qué solo
queremos hablar con niños?

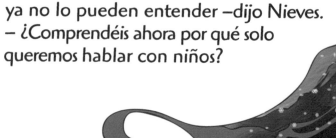

— La montaña puede ser muy peligrosa –dijo Rosa.
— O muy generosa –dijo Nieves. – Puede ser protectora y exigente; estar triste, enfadada o contenta; estar sana o ponerse enferma...
— Nuestra abuela es de este pueblo y nos contó que una vez, cuando era pequeña, se perdió con su padre en la montaña –dijo Rosa. – No encontraron el camino para volver al pueblo y, cuando se hizo de noche, su padre se quitó

el abrigo y se lo puso a ella. Empezó a nevar.
– Entonces –continuó Nieves– nuestra abuela
vio mariposas. ¡En mitad de la tormenta de
nieve! Y mariposas más grandes y más bonitas
de lo normal, amarillas y naranjas. Volaron
juntas hacia una pared de la montaña. «¡Mira,
papá, ¿ves las mariposas?», le preguntó a su
padre. Él dijo que no. Nuestro bisabuelo
empezó a sentirse muy débil por el frío,
pero la abuela corrió detrás de las mariposas
amarillas.

– Cuando se acercó a la pared, descubrió la entrada de una cueva y siguió a las mariposas dentro –continuó Rosa. – Las mariposas formaron una nube y, después, esa nube se convirtió en una mujer. «¿Tienes miedo? Tranquila, soy el Espíritu de la Montaña», le dijo la mujer. «Eres una niña muy valiente. Esta noche, podéis dormir dentro de esta cueva. Podéis hacer fuego para calentaros y comer estos frutos secos que dejaron unos pastores. Trae a tu padre a la cueva, él se quitó su abrigo para protegerte».

– Nuestra abuela corrió a buscar a su padre y lo ayudó a llegar a la cueva –siguió Nieves.

– Cuando entraron, no vieron a la mujer y tampoco las mariposas, pero hicieron fuego y pudieron calentarse y comer. Así pasaron la noche y, por la mañana, encontraron fácilmente el camino a casa. Durante mucho tiempo, mi abuela estuvo segura de su conversación con el Espíritu de la Montaña, pero con los años empezó a decir que aquella mujer solo fue un sueño. Pero nosotras vimos las mariposas y sí creemos en el Espíritu de la Montaña. ¿Y vosotros?

– Nosotros vimos las mariposas y nos parecieron más bonitas que otras, pero normales.

– ¿Normales? ¿En vuestra ciudad las mariposas os guían por los caminos? ¿No os enseñaron la calle de Adela?

– ¿Cómo sabéis eso?

– Os vimos. Y a Adrián le enseñaron el camino por el que subió a la parte más alta de la montaña a buscar la planta que cura todas las enfermedades, él nos lo dijo.

– ¿Y qué queréis hacer?

– Vamos a dar un paseo. Si encontramos al Espíritu de la Montaña, podemos preguntarle por Adrián.

– Son las seis menos veinticinco, la piscina cierra a las ocho. Tenemos tiempo, ¡vamos!

Rosa y Nieves nos llevaron al camino por el que Adrián subió a la montaña por última vez.

– ¡Adriáááááán! –gritó Nieves.

– Aaaaaaan, aaaaaaan, aaaaaaan –contestó el eco.

De pronto, Colega corrió hacia nuestra izquierda entre los árboles. Todos lo seguimos. Delante de Colega, vimos correr a un niño.

– ¡Adrián! ¡Adrián! ¿Eres tú? ¡Para! –gritó Rosa.

Cuando llegamos a su lado, el niño se giró.

– No soy Adrián –dijo. – Soy el Espíritu de la Montaña.

– Es verdad, Adrián es más alto que tú y es castaño –dijo Rosa.

– ¡Pero si eres un niño pequeño!

– ¿Y qué? Sé que buscáis a vuestro amigo Adrián. ¡Bien! Todos juntos tenéis más posibilidades de encontrar la planta que cura todas las enfermedades. Ahora es tarde, id a casa para no preocupar a vuestros padres. Mañana podéis volver.

– ¡Tienes las orejas como los duendes! –dijo Nieves.

– Para escuchar mejor a la naturaleza –dijo el Espíritu de la Montaña, y desapareció entre los árboles.

Volvimos al pueblo en silencio. Antes de despedirnos en el parque, Rosa dijo:

— El Espíritu de la Montaña habló de la planta que cura todas las enfermedades. Nosotras sabemos que hay unas cuevas muy arriba, en la montaña, nos lo contó nuestro bisabuelo, él estuvo allí una vez. A lo mejor, Adrián está en esas cuevas. Si subimos, tenemos que ir preparados. ¿Queréis venir con nosotras?

— ¡Claro que sí! —dijimos. — ¡Hasta mañana!

Por la noche, durante la cena, les hablamos a mis padres de Adela, Adrián, Rosa, Nieves y Gabriel. También les hablamos de la planta que cura todas las enfermedades y del Espíritu de la Montaña. Mi padre sonrió y dijo:

– Tenéis mucha imaginación. *El Espíritu de la Montaña* y *la planta que cura todas las enfermedades* son solo una manera de hablar: lo primero quiere decir que la montaña *está viva*. Y lo segundo quiere decir que *si te enfrentas a una montaña por un objetivo, te vuelves más fuerte*. De todos modos, mañana mamá y yo vamos a ir a pasear por la montaña. Si queréis, podemos ir con Rosa, Nieves y Adela, y buscar las cuevas de las que os hablaron.

Al día siguiente, quedamos por la mañana con Nieves, Rosa y Adela. Mis padres vinieron a recogernos al campamento y nos reunimos en el parque. Llevamos comida, cuerdas, jerséis, gorras, crema para el sol, los móviles cargados y una bolsa para recoger la basura. A las nueve y cuarto, empezamos a subir en los coches por el camino de la montaña.

Cuando no pudimos seguir en coche, continuamos a pie.

– Ya estamos muy arriba –dijo mi padre después de unas horas. – ¿Dónde están esas cuevas?

– No lo sabemos –dijo Nieves. – Subir a lo alto de la montaña es peligroso y nuestro abuelo nos hizo prometerle no venir nunca. No nos dijo en qué lugar exacto están las cuevas. Solo dijo que, si alguien las necesita, puede encontrarlas.

– ¿Paramos? –dijo Adela. – Son las dos menos diez, seguro que tenéis hambre.

Nos sentamos en unas piedras al lado del río y sacamos los bocadillos. De repente, Colega se puso muy nervioso. Seguí su mirada y vi un oso encima de unas rocas, a unos metros de nosotros.

– ¡Un oso! –grité. El oso se fue.

– Hay osos y otros animales en esta montaña –dijo Nieves. – Probablemente tiene sed y quiere beber en el río, lo mejor es irnos ya. Pero primero, vamos a recoger toda la basura, puede provocar un incendio. Además, muchos animales mueren por comer plásticos, especialmente en verano, cuando más gente viene de excursión.

Después de recoger, volvimos al camino.

– Si no encontramos las cuevas, tenemos que volver ya –dijo Rosa poco después. – Va a ser de noche en unas horas y tenemos que volver a los coches antes.

Entonces, una mariposa amarilla vino hacia nosotros por el camino. Luego, vinieron más y formaron una nube delante de nosotros.

La nube se convirtió en un anciano alto y delgado, vestido de verde, con una barba larga y blanca como la nieve y las orejas como los duendes.

– Soy el Espíritu de la Montaña –dijo. – Vuestros padres no me ven, pero los niños aún ven la magia de la naturaleza. Adrián encontró la planta que cura todas las enfermedades, viene por allí. ¡Enhorabuena!

Entonces vimos a Adrián. Todos nos sentimos felices, en especial su madre, Adela, y sus amigas Rosa y Nieves, que lo abrazaron y lo besaron muchas veces.

En casa, Adrián nos contó su aventura.

– Cuando empecé a bajar de la montaña, hubo una fuerte tormenta y no pude seguir. Me metí entre dos rocas y, entonces, vi una luz. Seguí la luz y descubrí un viejo espejo atado a un árbol. El reflejo iluminó la entrada de una cueva y dentro encontré esta carta, es del bisabuelo de Rosa y Nieves. Él puso el espejo en la entrada y dejó madera dentro para hacer fuego. Siempre estuvo agradecido a los pastores que dejaron comida y otras cosas en la cueva cuando se perdió con vuestra abuela.

– ¿Encontraste la planta que cura todas las enfermedades? –le preguntó Adela.

– ¡Sí! –dijo Adrián, y sacó de su mochila unas pequeñas flores moradas con forma de campana.

– Cariño, eso son campanillas –dijo Adela. – Hay muchas en estas montañas. Pero tranquilo, ahora que estamos otra vez los tres juntos, estoy segura de que Gabriel se va a poner mejor.

Luego, fuimos a la habitación de Gabriel. Adrián puso las campanillas debajo de la almohada de su hermano.

– Estas flores curan todas las enfermedades, me las dio el Espíritu de la Montaña –dijo.

– ¿Estuviste con él? –preguntó Gabriel. – ¿Cómo es?

– Estuve con él y me enseñó muchas cosas. Por ejemplo, que esta montaña, una vez, fue un océano y un día va a ser una llanura, ¿no es increíble? Él también puede ser una mujer, un hombre, un animal, una planta y hasta un niño, pero siempre es el mismo. Ayuda a las personas que cuidan y respetan la montaña y que ayudan a los demás, porque todos somos parte del planeta.

– ¡Jo, yo también quiero conocerlo! –dijo Gabriel.

Cuando volvimos a Madrid, recibimos una carta de Adrián:

Queridos amigos:

Mi hermano Gabriel se curó rápido y ya está bien.
Nieves, Rosa, él y yo ahora ayudamos en una oficina
de información turística cerca de la montaña para
explicar a los turistas cómo visitarla y cuidarla.
Tenemos folletos en diferentes idiomas: inglés, francés,
alemán, chino...
Os echamos de menos, esperamos veros pronto.
Besos y abrazos,

Adrián

P. D.: Gabriel todavía quiere ir a conocer al Espíritu de
la Montaña. Un día de estos vamos a subir a buscarlo
otra vez, ¡¡¡¿queréis venir?!!!

Actividades de explotación:
EL ESPÍRITU DE LA MONTAÑA

1. Comprensión lectora.
Completa estas frases con la forma correcta en presente de uno de estos verbos y ordénalas según pasan en el cuento.

hablar-visitar-ir-llevar-estar-conocer-contar

☐ Los padres de Ana y Rubén, Rosa y Nieves, Adela y los niños _____ juntos a buscar a Adrián.

☐ Los niños _____ a Nieves y a Rosa.

[1] Ana y sus amigos _____ de campamento en un pueblo de la montaña.

☐ Los niños no pueden leer en la carta el nombre del pueblo de Adela, pero unas mariposas los _____ hasta su casa.

☐ Los padres de Ana _____ a los niños y les llevan una carta para el CIAC.

☐ Ana, Rosa y los niños _____ con el Espíritu de la Montaña.

☐ Adrián les _____ qué le pasó.

2. El texto narrativo.
Utiliza las frases del ejercicio anterior en pretérito perfecto simple y los conectores narrativos *primero*, *después* y *finalmente*, y cuenta qué pasó en la montaña.

Ana y sus amigos estuvieron de campamento en un pueblo de la montaña

....
....
....
....
....

3. ¿Cómo son?

Describe a los personajes del cuento. Escribe frases con el verbo *ser*. ¡Cuidado con la concordancia!

a. Adrián/castaño: ......*Adrián es castaño.*

b. Nieves/rubio: ....

c. Las mariposas/grande, amarillo, naranja: ....

d. El bisabuelo de Rosa y Nieves/generoso: ....

e. Adela/simpático: ....

f. Ana y sus amigos/valiente: ....

Ahora contesta con frases completas.

a. ¿Cuál es el personaje más divertido?, ¿por qué?
....

b. ¿Cuál es el personaje menos interesante?, ¿por qué?
....

c. ¿Quién es más alta, Rosa o Nieves?
....

d. ¿Quién es más pequeño, Gabriel o Adrián?
....

4. ¡Prepárate para la montaña!

Escribe en qué lugares del colegio puedes hacer estas cosas.

a. Encontrar un libro sobre supervivencia. ...*En la biblioteca.*...............

b. Recoger hojas de los árboles para estudiarlas en el laboratorio.
....

c. Escuchar una conferencia sobre mamíferos. ....

d. Hacer ejercicio y aprender a escalar. ....

e. Comer moras de postre. ....

f. Escuchar al profesor de Conocimiento del Medio. ....

5. Las asignaturas.

¿En qué asignatura haces estas actividades relacionadas con la montaña?

a. Leer *La montaña mágica*, de Thomas Mann. *En Lengua o Literatura.*

b. Escribir en un mapa el nombre de las montañas más importantes del mundo. ....

c. Aprender cómo son los animales y las plantas que hay en una montaña. ....